CONFÉRENCE DES AVOCATS STAGIAIRES

ÉTUDE

SUR

ANTOINE LOISEL

DISCOURS

PRONONCÉ PAR Mᵉ MICHOUD, AVOCAT

LYON
IMPRIMERIE MOUGIN-RUSAND
3, Rue Stella, 3.

1879

CONFÉRENCE DES AVOCATS STAGIAIRES

Séance de Rentrée

Du lundi 1er décembre 1879

Présidence de Mᵉ Guerrier, bâtonnier

ÉTUDE

SUR

ANTOINE LOISEL

DISCOURS

PRONONCÉ PAR Mᵉ MICHOUD, AVOCAT

Monsieur le Bâtonnier,

Messieurs et chers Confrères,

Il y a, dans l'étude de la vie d'un homme celèbre, quelque chose qui attire et séduit invinciblement l'esprit ; il y a un très-vif plaisir et un puissant intérêt à chercher les motifs qui ont dirigé sa conduite, les sentiments qui l'ont animé, à entrer dans le détail de cette existence dont on n'apercevait de loin que les résultats brillants, à découvrir l'homme enfin dans l'écrivain ou l'orateur dont on a admiré le talent. Mais cet intérêt devient bien plus vif encore lorsqu'appartenant, comme nous, à un Ordre dont les traditions se sont conservées intactes depuis plusieurs siècles, nous pouvons saluer du nom de confrère celui dont nous étudions la vie, et puiser dans cette étude non une simple satisfaction pour notre curiosité, mais des conseils et des exemples pour notre conduite journalière. L'homme dont je veux vous entretenir aujourd'hui m'a fait au plus haut degré éprouver ces impressions. Le nom d'Antoine Loisel n'est certes pas un de ces noms brillants, qui s'imposent à tous et arrivent à être connus des plus ignorants. S'il est justement populaire parmi les avocats, dont il a raconté l'histoire et édicté en quelque sorte le code, si même un ouvrage bien souvent cité l'a classé parmi nos plus célèbres jurisconsultes, sa renommée cependant n'a point dépassé un cercle assez restreint, et ceux-là seulement le connaissent qui ont étudié sérieusement l'histoire, la littérature ou le droit. Cette réputation modeste et pure, faite toute entière de travail consciencieux et utile, m'a attiré ; et je n'ai pas cru pouvoir mieux répondre à la confiance trop flatteuse dont vous avez bien voulu m'honorer, qu'en vous racontant cette vie d'un de nos anciens, qui peut résumer à elle seule toutes ces traditions d'honneur, de probité et de talent, dont notre Ordre est fier à si juste titre.

Antoine Loisel naquit à Beauvais, le 6 février 1535, d'une de ces familles de bonne bourgeoisie qui n'ont cessé de fournir à la France des hommes distingués dans tous les genres, et au sein desquelles se recrutaient sans cesse la magistrature, le barreau et toutes les professions libérales. Un de ses grands oncles s'était illustré autrefois comme médecin, et, sous le nom latinisé de Jean Avis, avait été le médecin du roi Louis XII et avait acquis de son temps une certaine réputation. En 1549, nous trouvons Loisel à Paris, faisant ses études au collège de Presles, et un peu plus tard nous le voyons suivant les leçons de l'illustre Ramus, et montrant déjà, sans doute, son amour du travail et sa consciencieuse application, car il est l'élève préféré de son maître, dont il deviendra plus tard l'ami et l'exécuteur testamentaire. Comme son grand-oncle, il se destinait alors à la carrière médicale ; ce fut son père qui l'en détourna, en lui faisant comprendre, dit son biographe de Laurière, « qu'un médecin demeurait toujours médecin, tandis qu'un avocat pouvait parvenir par son mérite aux premières dignités de la magistrature. » Il se décida donc à étudier le droit. C'était l'époque où la science du droit, qui pendant le moyen âge avait eu son foyer en Italie, venait de traverser les Alpes, et jetait en France son plus vif éclat. Des jurisconsultes, tels que Cujas, Duarein, Doneau, enseignaient alors le droit romain avec une science des textes et une hauteur philosophique de la pensée que les glossateurs et les interprètes italiens des siècles précédents n'avaient point connues. Et en même temps d'autres jurisconsultes, tels que Dumoulin et d'Argentré, commentaient nos vieilles coutumes, et essayaient d'y introduire un peu d'ordre et d'unité. De tous ces noms célèbres, un surtout se détachait, plus brillant, plus illustre que tous les autres, et l'homme qui le portait excitait au plus haut degré l'admiration de ses contemporains. Cujas a été nommé par eux le prince des jurisconsultes, le Papinien de son siècle ; admirable en cela surtout qu'il fut à la fois un érudit et un philosophe, qu'il dépensa sa vie tout entière et une ardeur infatigable à épurer, à coordonner, à compléter les textes obscurs du droit romain, et qu'en même temps il excella à remonter jusqu'aux principes du droit et à les résumer en quelques lignes pleines de netteté et de précision. Sans doute après lui la science du droit romain a marché ; ses opinions ont toutes été contrôlées, vérifiées à nouveau, et parfois condamnées par de plus récentes découvertes ; cependant son œuvre est restée ; il est impossible, aujourd'hui encore, d'approfondir une branche quelconque du droit romain, sans aller demander la lumière à cet esprit si net, si précis, dont le travail immense a véritablement reconstitué la législation qui était l'objet de son étude. L'influence de Cujas sur son siècle fut très grande ; ses élèves, avec lesquels il vivait dans la plus intime familiarité, dont il partageait souvent la table, et auxquels il ouvrait volontiers sa bibliothèque et sa bourse, ses élèves se nommaient Pasquier, Pithou, Scaliger, de Thou ; beaucoup de personnages célèbres de la seconde moitié du XVIe siècle ont passé par son école, et il a presque toujours conservé avec eux des relations d'amitié qui montrent quel empire il avait su prendre sur leur esprit et sur leur cœur.

C'est à cette école que Loisel, âgé de 19 ans, alla étudier la science du droit. Cujas enseignait alors à Toulouse, et c'est là que Loisel entendit ses premières leçons, ces leçons qui, a-t-il dit lui-même plus tard, « furent cause qu'il ne quitta point la science du droict, dont les autres docteurs le dégoustoient à cause de leurs barbaries. » Il devint bientôt un des élèves préférés du maître, et plusieurs passages de l'illustre jurisconsulte nous montrent qu'il conserva toujours des relations avec ce jeune étudiant, qu'il appelle quelque part *adolescens acutissimus*. Cependant Cujas semblait ne pouvoir professer longtemps dans la même ville, tantôt la jalousie de ses rivaux l'obligeait à quitter un lieu où il enseignait avec trop d'éclat, tantôt il cédait aux offres avantageuses de quelqu'une des villes qui se le disputaient. De 1554 à 1559, pendant les cinq années où il eut Loisel pour élève, nous le trouvons successivement à Toulouse, à Cahors, à Bourges, à Paris, à Valence, toujours traînant après lui son cortège de disciples, que de nouvelles recrues venaient grossir en chemin. — C'est à Bourges que Loisel fit la connaissance de celui de ces élèves qui resta plus tard son ami le plus intime, je veux parler de Pierre Pithou, le célèbre auteur des *Libertés de l'Eglise Gallicane.* Loisel a raconté lui-même, dans la vie qu'il a écrite de son ami, comment il fit sa connaissance dans la boutique d'un libraire, en disputant d'un *lieu* de Papinien, *de inofficioso testamento.* Cette amitié, à la manière savante et un peu pédantesque du XVIe siècle, cette amitié qui commençait par une dispute d'érudition, n'en devait pas moins durer toute la vie ; et dorénavant nous trouverons toujours Loisel et Pithou, marchant dans la même voie, s'appelant l'un l'autre du nom de frères, acceptant pour l'amour l'un de l'autre les mêmes emplois, et s'aidant mutuellement dans leurs travaux de droit et d'érudition. A Valence, nous les voyons s'enfermer ensemble après souper dans la bibliothèque, souvent avec Cujas lui-même, pour y travailler jusqu'à deux ou trois heures du matin, « ne se mettant au lict, dit Loisel, que lorsqu'il fallait par manière de dire, réveiller les autres (1). » C'est à peu de chose près ce qu'on raconte de Ronsard, le docte poète, que l'on nous dépeint, « travaillant jusqu'à deux ou trois heures du matin, et lorsqu'il se couche, réveillant Baïf, qui se levait et ne laissait pas refroidir la place (2). » Loisel avait bien cette fièvre de science et d'érudition qui fut l'honneur et la grandeur de son siècle. A cette époque déjà, ses études de droit ne l'absorbaient pas exclusivement ; il travaillait en outre à une nouvelle édition d'Ammien Marcellin, qu'il fit en effet imprimer à Lyon avant de quitter l'école.

L'année suivante, Loisel et Pithou sont de re-

(1) Vie de Pithou.

(2) Commentaires sur Ronsard. — Cité par Phil. Chasles. *Etudes sur le seizième siècle.*

tour à Paris, et ils commencent à fréquenter le Palais. Ce n'est pas d'aujourd'hui, Messieurs, que les débuts de notre profession présentent ces difficultés qui découragent les faibles mais qui au contraire excitent et aiguillonnent ceux qui sentent leur force, et qui ont foi dans la puissance invincible du travail et de la persévérance. — Ces difficultés, Loisel les éprouva et les ressentit très-vivement ; durant près de trois ans, assidu aux audiences, écoutant la parole de ces avocats alors célèbres dont il devait quarante ans plus tard tracer le portrait et consacrer la mémoire, il n'aurait, certes, pas mieux demandé que de débuter lui-même ; « mais personne ne l'employoit, ores qu'il lui semblast, a-t-il dit plus tard, qu'il y eût aussi bien faict que beaucoup d'autres » (1). Il lui fallut, pour avoir des causes à plaider, entrer chez un procureur ; c'étaient les procureurs, paraît-il, qui alors disposaient des causes et fournissaient aux jeunes avocats le moyen de se distinguer. Sitôt que Loisel eut entre les mains ce moyen, il sut bien vite en profiter ; je veux dire que, dès ses premières causes, il sut sortir du rang, et que son talent fut bien vite en relief. Un fait bien curieux, qui tient une grande place dans la vie de Loisel, va nous montrer tout à la fois combien vite son talent fut distingué, et combien les magistrats de l'époque surveillaient activement les débuts des jeunes avocats et étaient soigneux d'en-

(1) *Vie de Loisel*, par Claude Joly.

courager ceux qui leur en semblaient dignes. « Il n'eut pas plutôt plaidé trois causes, dit textuellement son biographe, que Me Du Mesnil, advocat du Roy, auquel il en avait communiqué au Parquet, jettant l'œil sur luy, luy fit parler et luy parla luy-même du mariage de damoiselle Marie Goulas, sa nièce, de laquelle il estoit tuteur (1). » Ces ouvertures, que Loisel accueillit d'abord avec peu d'empressement, aboutirent cependant, en 1563, à un mariage qui fut heureux de tout point, et qui ne contribua pas peu à le mettre en relief, car il fut assuré désormais de la haute protection de son oncle, Baptiste Du Mesnil, l'un des magistrats les plus distingués de l'époque.

A partir de ce moment décisif, toute la biographie de Loisel peut se résumer en deux périodes principales : dans la première, il participe activement à la vie et aux travaux du Palais, soit comme avocat, soit comme avocat du roi ; dans la seconde, il se retire entièrement de tout emploi, et il ne s'occupe plus que de ses travaux de droit, de littérature ou d'érudition. La première de ces périodes s'étend jusqu'à l'année 1594, celle-là même pendant laquelle Henri IV reprit possession de la ville de Paris, et elle comprend les années les plus tourmentées, les plus tumultueuses et les plus sanglantes de notre vieille histoire. Triste période, Messieurs, que celle qui s'ouvre à la Saint-Barthélemy, pour aboutir aux Barricades,

(1) Claude Joly.

aux Etats de Blois, à la honte de l'intervention étrangère et aux excès de la Ligue expirante ! Et quelle situation pour qui a conservé un peu de cœur et de patriotisme, de sentir sa conscience même chanceler, et de ne plus savoir distinguer, au milieu du choc des partis, de quel côté se trouvent vraiment la justice et le bien du pays ! C'est là, hélas! le sort de toutes les époques de discorde civile ; les meilleures intentions, à ces époques troublées, restent bien souvent inutiles ou même deviennent funestes , parce que les meilleures intentions peuvent manquer de clairvoyance et d'esprit politique. Il suffit que quelques hommes habiles sachent faire briller aux yeux de la foule ces fausses lueurs qui ont si souvent entraîné les masses, et tous suivent, croyant parfois, dans leur naïve ignorance, être réellement les serviteurs de la vérité et de la justice. Ce fut là l'histoire de nos guerres de religion ; ce fut là surtout le caractère de ces malheureuses années qui suivirent la mort du dernier Valois, pendant lesquelles Henri IV, roi protestant, tenta de conquérir par les armes son catholique royaume. Quelles durent être alors les angoisses des hommes honnêtes et intelligents qui voulurent conserver dans leur cœur cette double foi de catholique et de royaliste, en laquelle se résumait tout le catéchisme de l'ancienne France ! Catholique, il fallait combattre son roi ; royaliste, il fallait combattre sa foi ; et les hommes qui tentaient d'assembler ces deux croyances, honnis de toute part, traités de traîtres et d'hérétiques, voyaient échouer sans espoir leurs patriotiques tentatives. Il faut le dire, en faisant abstraction des excès qui ont pu déshonorer les factions, et considérant en elle-même la justice de leur cause, chacun des deux partis qui combattaient alors, ligueurs et royalistes, avait avec lui une portion de la France elle-même, une parcelle de cet antique héritage de traditions et de croyances qui faisait sa force et sa grandeur. — Le mal eût été sans remède peut-être si l'abjuration d'Henri IV n'y fût venu mettre un terme, en rendant enfin la paix aux consciences et la prospérité à notre patrie.

Quels furent, au milieu de ces troubles, le rôle et la conduite de Loisel ? — Loisel ne fut que bien peu un homme politique : avocat et magistrat avant tout, il s'engagea le moins possible dans les factions qui divisaient la France. Quand il dut s'y engager, ce fut toujours, semble-t-il, pour le compte de cette politique modérée, honnête, peut-être un peu chimérique, qui essayait de tenir la balance égale entre les partis, et de ne tomber dans aucun excès ; en un mot, quand il dut avoir une opinion, il fut ce qu'on appelait alors un politique. En 1582, en exécution de la conférence de Fleix, où l'on avait conclu l'une de ces prétendues paix qui n'étaient en réalité que des trêves, et qui étaient si vite et si facilement rompues, une chambre de justice, prise dans le sein du Parlement, fut envoyée en Guyenne ; elle avait pour mission de réparer les maux causés par la guerre, de réformer les sentences iniques auxquelles les juridictions locales avaient pu se laisser entraîner par esprit de parti, et de ramener dans la province un peu d'orbre et de sécurité. Pithou et Loisel, qui àvaient alors au Palais une importante situation, furent l'un et l'autre désignés pour faire partie de cette Chambre, le premier comme procureur du roi, le second comme avocat du roi. « Il voulait encore refuser, a dit Loisel en parlant de son ami, n'eût été qu'on me nomma avec lui pour être son compagnon en la charge d'Advocat du Roy, et nous acceptasmes ces commissions l'un pour l'amour de l'autre (1). » Ce voyage dura près de deux ans; la Chambre de justice fonctionna successivement à Bordeaux, à Agen, à Périgueux, à Saintes; et partout son passage produisit les plus heureux effets. Loisel prononça alors un très grand nombre de discours, et il en a fait lui-même imprimer quelques-uns; ces discours portent bien l'empreinte de l'esprit politique dont je vous parlais tout à l'heure; ils ne prêchent que la paix, la concorde, l'obéissance au roi, et ils se tiennent en général à côté ou au-dessus de la politique proprement dite. » Tous mes discours, dit Loisel dans sa préface, ne tendent à autre fin qu'à réunir et à réconcilier les peuples ensemble sous l'obéissance de leurs Princes, par l'administration de la Justice Royale, sans acception ni distinction de personne, suivant les Edicts; leur imprimer en l'âme la haine et horreur des révoltes et rébellions; recher-

(1) *Vie de Pithou.*

cher les moyens de ne s'y laisser emporter, ou retirer au plustôt ; contenir et maintenir un chacun en paix et repos en obéissant aux Rois, aux Lois et aux Magistrats ; mettre fin à nos folies et fureurs passées, et essayer de ne tomber ès maux qui nous pourraient cy-après menacer. Qui sont à mon advis les principaux services qu'un homme privé puisse faire pour s'acquitter du devoir dont il est obligé envers son roi et sa patrie. »

Voilà toute la politique de Loisel ; il paraît que cette politique ne fut point goûtée des ligueurs, car, après la journée des Barricades, nous voyons Loisel obligé de quitter Paris, et ses biens confisqués. Il se retira à Beauvais, dans son pays natal, où il resta près de cinq ans, jusqu'à ce qu'un de ses fils ait obtenu pour lui mainlevée de ses biens et autorisation de rentrer à Paris. Il avait employé le temps de son exil, comme il avait coutume de le faire toujours, en travaux utiles et intelligents ; il s'était occupé d'érudition locale, il avait composé divers traités, aujourd'hui perdus, sur la *Noblesse*, le *Plaisir* et le *Profit de l'agriculture*. C'est de ce moment que date son goût si prononcé pour les travaux littéraires ou savants, goût qui va devenir de plus en plus exclusif, et lui faire enfin quitter le Palais.

Mais avant de lui dire adieu d'une manière définitive, il avait encore une grande et belle mission à y remplir. Le roi venait d'abjurer la religion protestante. Dès lors la ligue n'était plus qu'une faction, et ceux qui combattaient le roi n'aveient plus même une portion du bon droit et de la justice. C'est ce qui fut bien vite compris parmi les plus braves et les plus intelligents des ligueurs ; à partir de ce moment, nous voyons successivement presque toutes les villes de la Ligue, Lyon en tête, passer dans le parti du roi, en secouant l'autorité de leurs gouverneurs, quand ceux-ci ne s'y prêtent pas. Paris lui-même ne devait pas tarder à suivre l'impulsion, et assurément Loisel dut appeler de tous ses vœux l'entrée d'Henri IV dans sa capitale. Son biographe affirme, et ce ne serait pas là l'un de ses moindres titres de gloire, qu'il était l'ami intime de Lhuillier, le prévôt des marchands, et qu'il ne fut pas sans influence sur son esprit pour l'amener à consentir à la reddition de la ville. Quoi qu'il en soit, le mardi 22 mars 1594, le bon roi faisait son entrée dans Paris, et il y était reçu aux acclamations d'un peuple enthousiaste. C'était Brissac, le gouverneur de Paris, qui lui en avait ouvert les portes, et malheureusement on ne peut pas dire que ce fût de sa part pur patriotisme. Lorsque Lhuillier vint présenter au roi les clefs de la ville, Brissac lui adressa la parole : « Il faut rendre à César ce qui appartient à César, » lui dit-il ; « Oui, lui répondit Lhuillier, le lui rendre, mais non le lui vendre. » C'est devant le roi lui-même que la réponse était faite ; mais le Béarnais avait trop besoin de tous ses serviteurs pour relever maladroitement l'allusion ; il ne fit semblant de l'avoir entendue.

Que l'influence de Loisel sur l'esprit du prévôt des marchands fût ou non réelle, le roi savait qu'il pouvait compter sur lui. Ce fut lui qu'il chargea, toujours de concert avec Pithou, d'opérer le rétablissement du Parlement, en qualité l'un de Procureur général, l'autre d'Avocat général. Ces deux charges étaient purement transitoires, et ne devaient durer que jusqu'au retour du Parlement royaliste, qui avait été transféré à Tours, par une ordonnance d'Henri III, après la journée des Barricades. Loisel et Pithou eurent pour mission, d'après les historiens de l'époque (1), de rayer et biffer des registres du Parlement ce qui y avait été inscrit dans le temps de la Ligue de contraire à la majesté du roi et aux lois du royaume, et de faire disparaître des églises et autres lieux publics les tableaux et inscriptions scandaleuses qui y avaient été placés.

C'est ici, Messieurs, que se termine la vie politique de Loisel; désormais il va rentrer dans la vie privée, et ne plus s'occuper que d'études littéraires ou juridiques. Mais avant d'aborder cette seconde période, je dois revenir encore sur le temps où il fut magistrat et avocat. Je n'ai fait en effet, jusqu'ici, qu'indiquer son rôle politique, et c'est là pourtant la moindre portion de sa vie. Immédiatement après son mariage, il avait été nommé. par le crédit de son oncle du Mesnil, substitut du Procureur général. Il conserva longtemps cette charge,

(1) Journal de l'*Estoile*, 27 mars 1594.

qui n'était point alors un office vénal, et où l'on employait les plus distingués des jeunes avocats. Quelques années plus tard, il devint avocat du duc d'Alençon, le frère du roi ; et enfin, avocat de la Reine-Mère. C'étaient là les plus hautes charges que pût alors rêver un avocat qui ne voulait point quitter le barreau. Tout indique que, dès ce moment, il occupa parmi ses confrères une haute et grande position ; cependant, peut-être n'atteignit-il jamais de son vivant la réputation de quelques-uns d'entre eux, aujourd'hui complètement oubliés ; Claude Joly, son petit-fils et son biographe, nous dit même qu'il n'était pas à la vérité fort recherché de l'ordinaire des procureurs ; mais l'énumération qu'il nous donne de ses clients, parmi lesquels, outre les membres de la famille royale, nous trouvons la famille de Montmorency, le chapitre de Paris, etc., nous montre qu'il devait en réalité être chargé d'affaires très importantes. De Laurière affirme d'ailleurs qu'il avait les plus grandes affaires du Palais. Ce fut en partie sur ses conseils, paraît-il, que l'on abandonna le projet de mariage entre le duc d'Anjou, et la reine Elisabeth d'Angleterre, projet qui avait un instant paru devoir aboutir.

Cette situation fut singulièrement compromise par son voyage de Guyenne, à la suite de la Chambre de Justice. Lorsqu'il revint au Palais, après deux ans d'absence, le duc d'Alençon, devenu duc d'Anjou, venait de mourir ; la plupart de ses anciens clients s'étaient choisis d'autres conseils;

bref, il se trouva en quelque sorte étranger dans le Palais. Quant à sa position au Parquet, elle avait, pendant son absence, été érigée en titre d'office; c'est-à-dire qu'elle était devenue une charge vénale. Bien qu'on la lui offrît gratuitement, il la refusa, comme Pithou, du reste, ne voulant point être complice de cette vénalité des charges, contre laquelle s'élevaient alors d'unanimes protestations. Sa situation pécuniaire se trouva un moment assez gênée, et un passage de son *Dialogue des Avocats* (1), nous montre qu'il ne pensait pas sans quelque amertume à la faible récompense qu'il avait retirée de ses travaux et de ses fatigues. Cependant, après son retour, il obtint un anoblissement. Mais il ne retrouva jamais la haute position que ce voyage lui avait fait perdre ; bientôt survinrent les Barricades, l'exil, l'éloignement complet et forcé du Palais; il se déshabitua peu à peu de l'exercice de sa profession ; et quand plus tard la paix étant rendue à Paris et à la France, la justice put reprendre son cours régulier, il ne se remit pas aux plaidoiries, et n'appartint plus au Palais que par ses consultations.

A partir de ce moment, sa vie presque tout entière peut se résumer dans ses ouvrages, et je n'ai plus qu'un petit nombre d'évènements à vous signaler. En 1596, il eut la douleur de perdre Pithou, son fidèle et inséparable ami, que nous avons vu toujour partager avec lui ses travaux et ses honneurs.

(1) Troisième Conférence.

La réputation de Pithou fut en son siècle beaucoup plus grande que celle de Loisel ; néanmoins, il y a certainement entre eux des traits de ressemblance frappants. Comme Loisel, Pithou fut à la fois littérateur, érudit, jurisconsulte et magistrat. L'homme qui a publié un grand nombre d'anciens auteurs, découvert les fables de Phèdre, et écrit les plus belles pages de la Satire Ménippée, mérite à coup sûr une grande place dans l'histoire de la littérature. Ses recueils historiques ont conservé une très grande importance. Quant à ses célèbres ouvrages juridiques, ils sont aux yeux de quelques-uns son plus beau titre de gloire, tandis que d'autres, au contraire, ont beaucoup de peine à les lui pardonner. Ils touchent, en effet, à une question toujours brûlante, celle des rapports de l'Eglise et de l'Etat, et ils sont restés l'exposé magistral et en quelque sorte officiel du gallicanisme parlementaire. Pithou, à la différence de Loisel, ne fut point avocat; sa timidité extrême l'empêcha toujours d'exercer cette profession et il ne plaida jamais qu'une seule cause qu'il gagna, mais dans laquelle il ne put donner toute la mesure de ses forces. En somme, il y eut assez de ressemblance entre les deux amis pour que l'on puisse répéter en parlant d'eux, cette appellation si touchante de frères, qu'ils se donnaient l'un à l'autre : frères, ils le furent d'abord par leur mutuelle affection, mais aussi par leurs talents, par leurs travaux, par l'intégrité et la dignité de la vie, dont tous deux nous offrent un égal exemple. Ce fut Loisel qui survécut à son

2

ami, et nous lui devons une *Vie de Pithou* qui est restée comme le monument de leur amitié.

Les dernières années de Loisel ne nous offrent guère de remaquable que des malheurs de famille, et la publication de la plus grande partie de ses ouvrages. Il avait eu de son mariage plusieurs fils qui, presque tous, étaient devenus avocats ou conseillers au Parlement; en 1596, la peste lui avait enlevé deux de ses fils; quinze ans plus tard, il perdait à son tour son fils aîné, conseiller au Parlement, qui lui laissait heureusement un petit-fils dont l'éducation fut la dernière joie de sa vieillesse. C'est un spectacle vraiment beau et fortifiant que la vue de cette vieillesse saine et féconde, à laquelle nous sommes redevables de la plupart des ouvrages de Loisel. Il ne se passe presque pas d'année qui ne soit signalée de sa part par quelque publication, et il semble avoir encore, à quatre-vingts ans, tout le feu et toute l'ardeur de la jeunesse. C'est à soixante et douze ans qu'il s'était enfin décidé à faire imprimer ses *Institutes coutumières*, cet ouvrage auquel il avait travaillé quarante ans, et qui a assis sa réputation comme jurisconsulte; l'année suivante on lui proposait encore de faire partie, à titre de procureur-général, de la chambre de justice envoyée à Limoges, et après de longues hésitations, il s'était déterminé à accepter cette charge nouvelle, qu'il n'eut point cependant occasion de de remplir, parce que l'édit qui constituait cette chambre ne reçut point son exécution. Cinq ans plus tard, à propos de la réunion des Etats, il faisait paraître des Mémoires sur le rang que doivent occuper les gens de robe dans les Etats généraux; et, enfin, en 1616, âgé de quatre-vingts ans, il publiait un dernier et important ouvrage, les *Mémoires de Bauvoisis*. Sur la première page du volume et sur la dernière il exprimait, dans un touchant distique, sa reconnaissance envers Dieu qui lui avait permis d'achever ce dernier travail consacré à l'histoire de son pays natal. Un an après, il s'éteignait doucement au milieu des siens, « après avoir, dit son biohraphe, reçu ses sacrements et donné sa bénédiction à ses enfants et petits-enfans qui étaient présents. » C'est ainsi, Messieurs, que l'on mourait dans ces belles familles chrétiennes au sein desquelles se recrutaient la magistrature et le barreau, et qui donnaient à notre vieille France le plus pur de sa sève et sa plus belle fécondité. Et cette mort couronnait une vie pleine, digne, sans cesse tournée vers le bien et le travail sérieux, dans laquelle, enfin, l'examen le plus minutieux ne saurait découvrir la moindre tache. Maintenant que nous connaissons l'homme, et que nous savons quelle haute estime nous devons faire de ses mœurs et de sa vie privée, abordons l'examen de ses œuvres. Là encore nous le retrouvons toujours le même, se dépeignant lui-même dans ses ouvrages; et quand nous aurons des critiques à adresser à l'orateur et à l'écrivain, nous retrouverons toujours chez lui ce cachet de grandeur morale et de sincérité, qu'il imprima à sa vie tout entière.

Les travaux de Loisel peuvent être examinés à bien des points de vue : à la fois littérateur, érudit, historien, jurisconsulte, avocat, magistrat, j'ajouterais homme politique, s'il ne l'avait pas été le moins possible et toujours un peu malgré lui, il eut quelque chose de cette universalité qui caractérise tant d'hommes éminents de son époque. En aucun genre, je dois le dire tout de suite pour rester dans la juste mesure de l'éloge, on ne peut, le considérer comme ayant été tout-à-fait au premier rang. Ce qui lui manqua peut-être, ce fut cette flamme ardente, cette espèce de *diable-au-corps*, pour employer une expression célèbre, qui est le privilège de quelques hommes très supérieurs, et dont on pourrait, sans sortir du XVIe siècle, citer plusieurs exemples. Il a marché toujours parmi les plus distingués de ses contemporains ; mais jamais il ne les a conduits ni devancés ; il n'a pas eu en un mot, ce quelque chose qui fait que le talent se change en génie et la réputation en gloire. Ses ouvrages n'en sont pas moins très curieux à parcourir ; même lorsqu'ils n'ont pas, comme quelques-uns d'entre eux, un intérêt tout spécial pour le jurisconsulte ou l'avocat, du moins, ils portent toujours la marque de cette époque si bizarre, si mouvementée, si attrayante à étudier, qui clôt le seizième siècle, et où l'on sent déjà un goût plus pur annonçant la grande époque littéraire qui va commencer.

C'est surtout à Loisel avocat et orateur que s'appliquent les réflexions que je viens de faire. Les défauts de l'éloquence judiciaire au XVIe siècle sont trop connus pour que j'aie à m'y appesantir longuement. Il est tel avocat de cette époque dont on ne peut rappeler le nom sans provoquer immédiatement le sourire ; c'est l'âge classique du pédantisme et du mauvais goût. On trouvait très-naturel alors, à propos des plus minimes causes, d'émailler sa plaidoirie de citations profanes et sacrées; et il n'est pas rare de trouver dans les discours de cette époque cinq ou six vers de Virgile récités tout d'une haleine et suivis immédiatement de trois ou quatre versets de la Bible. L'éloquence en un mot était malade de la grande maladie littéraire du siècle, le pédantisme. Comment était né ce mal, comment s'était-il développé et avait-il fini par envahir toutes les branches de la littérature ? C'est là tout un épisode de notre histoire littéraire que je ne puis qu'indiquer ici. Au fond, ce vice eut une noble origine : le pédantisme est né de la science, bien que d'une science trop orgueilleuse, trop sûre d'elle-même, parfois confuse et mal digérée. A tout prendre, nous aurions mauvaise grâce à critiquer trop vivement un siècle qui nous a ouvert la voie dans toutes les branches des sciences morales et dont les écoliers connaissaient mieux le grec et le latin que ne les connaissent peut-être nos savants. « Son talent fut victime de son savoir, » a dit un auteur moderne en parlant de Ronsard (1). Ce mot, qui s'applique avec tant de justesse au plus illus-

(1) Phil. Chasles, *Etudes sur le seizième siècle.*

tre poète de cette époque, est vrai aussi des orateurs et des avocats qui dépensèrent tant de talent, de travail et de science pour n'aboutir qu'à l'immortalité du ridicule. Si l'éloquence fut encore plus profondément viciée par ce mal que ne le fut la littérature proprement dite, c'est que toute éloquence qui n'est pas naturelle et vraie est condamnée fatalement à être ridicule, et c'est peut-être aussi que nos anciens avocats, plus imbibés encore de l'antiquité, plus pénétrés des beautés qu'ils avaient trouvées dans ses livres, puisaient avec moins de retenue encore dans ces auteurs favoris qu'ils dépouillaient sans scrupule pour en orner leurs discours. Toujours est-il qu'on ne saurait trop déplorer cette énorme déperdition de force, de talent ou même de génie. Il n'en faut point douter, quelques hommes en ce siècle auraient pu nous offrir des modèles de la grande et saine éloquence. Ce sont certes de belles, fières et éloquentes paroles que ces mots si connus adressés par le président Achille du Harlay au duc de Guise maître de Paris et de sa personne : « C'est grand'pitié quand le valet chasse le maître ! Au reste, mon âme est à Dieu, mon cœur est à mon roi, et mon corps est entre les mains des méchants. » Hélas ! le même homme à qui le péril inspirait cet éclair d'éloquence, parlait tout autrement quand il s'agissait de faire un discours, et c'est lui qui disait dans une de ses Mercuriales : « Procureurs, Homère vous apprendra votre devoir, Odyssée, in libro decimo; et Eustathe en son commentaire vous dira comment vous devez vous conduire avec vos clients. » Et il serait malheureusement facile de multiplier les exemples semblables.

Loisel ne sut point se garder des défauts que je viens d'indiquer. Aucune de ses plaidoiries proprement dites ne nous a été conservée ; mais nous devons peu le regretter, en lisant les quelques discours de lui qui sont venus jusqu'à nous. Ils sont tous contenus dans un petit volume qu'il a fait imprimer lui même en 1605. Ce recueil se compose principalement d'un certain nombre de discours, prononcés par lui dans les années 1582 et suivantes, à l'époque où il faisait partie, à titre d'avocat du roi, de la chambre de justice envoyée en Guyenne. La pensée qui inspire ces harangues, prononcées pour la plupart dans les séances solennelles d'ouverture de la Chambre de justice, est, je l'ai dit tout à l'heure, hautement morale et patriotique. Au milieu des luttes sanglantes qui l'entourent, au plus fort des guerres de religion, il se tient en dehors et au-dessus des partis politiques, il ne prêche que la paix, la concorde, l'obéissance à la loi et au roi. Mais si l'esprit qui anime ces exhortations ne mérite que des éloges, il n'en est pas de même du style ; dans la forme, ces discours sont ce qu'était alors toute harangue solennelle et travaillée avec soin : des phrases longues et prétentieuses, l'antiquité invoquée à tout propos, et, par-dessus tout, d'interminables citations de poètes et d'orateurs anciens, qui forment à elles seules une notable partie de l'ouvrage. — C'était ce qu'on appelait de l'éloquence alors, et Loisel ne diffère en rien sur ce point de ses plus célèbres contemporains. Le titre seul de ces discours suffira à montrer ce singulier mélange de bon sens dans le fond et de pédantisme ridicule dans la forme qui en est la note caractéristique. A Bordeaux, son discours est intitulé : *L'Œil des rois et de la justice, exhortations à recevoir la compagnie avec esjouissance et asseurance d'obtenir une justice égale ;* et ce titre l'*Œil des rois* est une allusion à une coutume des anciens Perses, du temps de Darius, fils d'Hystape. A Agen, il intitule sa harangue : *L'Amnestie, ou oubliance des maux faits et reçus pendant les troubles.* A Périgueux : *L'Homonée, ou l'accord et l'union des subjets du roi.* A Saintes : *Eusébie, ou la Religion* ; *Dicé, ou la Justice.* On dirait qu'il n'est content de sa pensée que lorsqu'il l'a enveloppée d'un mot latin ou grec.

Ces défauts s'atténuent beaucoup, sans pourtant disparaître complètement, dans la dernière harangue du volume, qui est de dix ans postérieure aux précédentes. C'est que les esprits avaient marché pendant ces dix années : les hommes les plus distingués de cette fin de siècle commençaient à s'apercevoir du ridicule et du vide de cette prétentieuse éloquence. Quelques avocats, notamment Faye d'Espesses et Mangot, donnaient déjà le signal d'un retour à la simplicité et au naturel; il est vrai qu'ils n'étaient pas suivis ni même goûtés de tous, qu'on leur reprochait leur sécheresse et leur trop grande simplicité, et qu'enfin l'on retrouve encore, jusqu'au milieu du XVIIe siècle, les traces de ce pédantisme auquel Racine seul, dans les *Plaideurs*, a donné le coup de grâce. Néanmoins le mouvement dont je parle fut réel, et nous en trouvons une preuve dans les œuvres d'Etienne Pasquier, qui fut pourtant bien de son temps. Loisel avait envoyé à Pasquier le recueil de ses discours prononcés en Guyenne, et nous trouvons, dans les lettres de ce dernier, celle par laquelle il répond à cet envoi. Après avoir accordé des louanges à l'œuvre et à l'auteur, il fait formellement et très-fermement ses réserves sur cette manie des citations grecques et latines. « Nous seuls, entre toutes les autres nations, dit-il, faisons profession de rapiécer ou, pour mieux dire, rapetasser notre éloquence de divers passages. Rendans (si ainsi il faut le dire) les morceaux, comme un estomac cacochyme et mal affecté, ainsi que nous les avons pris. » (1) Une autre preuve de ce retour à la simplicité, c'est ce célèbre discours de d'Aubray dans la satire Ménippée, où l'on trouve l'éloquence la plus franche et la plus dépourvue de tout ce faux clinquant. Ce discours, vous le savez, Messieurs, émanait de la plume de Pierre Pithou lui-même, le plus intime ami de Loisel, et Loisel a certainement dû le lire comme tout son siècle, avant tout son siècle.

Est-ce à ces conseils et à ces exemples qu'il dut de revenir à un style oratoire plus naturel et plus simple? Je ne saurais le dire ; toujours est-il, je le

(1) *Lettres de Pasquier*, Livre VII, lettre XII.

répète, que la dernière des harangues qui nous reste de lui est d'un goût beaucoup plus pur et plus sobre. J'ai déjà fait connaître la grande et solennelle circonstance où ce discours fut prononcé. On était au lundi, 28 mars 1594; Henri IV venait de rentrer à Paris; après cinq années de guerres sanglantes, il avait pris enfin possession de sa capitale, et il y ramenait, avec l'autorité légitime, le calme et la sécurité. C'était toute une ère nouvelle qui commençait pour la France, la fin d'un demi-siècle de guerres civiles, et le véritable début d'un règne réparateur et prospère. A Loisel, nommé avocat du roi, échut l'honneur de prononcer le discours qui devait inaugurer le rétablissement du Parlement. Certes, il semble bien que s'il fut jamais facile d'être éloquent, ce fut dans cette circonstance unique où il n'y avait qu'à recueillir ce cri d'amour pour le roi et d'espérance pour l'avenir qui s'échappait de toutes les poitrines.

Loisel ne fut point tout à fait au-dessous de sa tâche; le début de sa harangue, emprunté aux souvenirs de l'antiquité, est encore un peu prétentieux et froid. Mais on sent bien vite percer l'émotion sous cette gravité de commande, et l'orateur arrive à une véritable éloquence lorsqu'il décrit l'aspect de Paris au moment où le roi entre dans ses murs : « Cette ville a été réduite en un clin d'œil, dit-il; et avant que la pluspart des habitants d'icelle fussent levés, l'on ouït le son des cloches de Notre-Dame, par lequel on entendit que le roy s'acheminoit à l'église pour y louer Dieu....

On vit incontinent les rues pleines d'hommes, de femmes et d'enfants courant pour aller veoir leur Roy; et si tôt qu'ils apperceurent sa Majesté accompagnée de tant de Noblesse rangée en un ordre si paisible, ce fut avec un tel applaudissement et retentissement de toutes parts de cette belle et royale acclamation *Vive le roy*, que faisant taire le son des trompettes et tambours, l'on n'oyoit plus autre voix que celle-là; laquelle les petits enfants qui estoient encore à la mamelle apprirent incontinent comme d'eux-mêmes, tressaillants de joie entre les bras de leurs nourrices. C'était un plaisir de revoir nos voisins, parents et amis retourner en leurs maisons après un si long temps, s'entrebaiser, accoller et embrasser les uns les autres, se mocquer de leurs folies passées, rians et pleurans de joie tout ensemble. » On pourrait sans doute relever dans ce discours et peut-être même dans le passage que je viens de citer, quelques traits de mauvais goût; l'emphase n'en est point absente, néanmoins le ton général est naturel et vrai. Quant aux citations, elles ont presque disparu complètement, et celles qui restent sont si brèves et si heureuses qu'on n'a pas le courage de les condamner; ainsi il compare les rois de France aux rameaux d'or de la Sibylle :

....Quo avulso non deficit alter
Aureus.

N'est-ce point là une bien gracieuse et poétique manière d'exprimer cette vieille devise : le roi est mort, vive le roi?

Au reste, j'éprouve ici un scrupule dont je dois vous faire part : si les plaidoyers de Loisel nous avaient été conservés, y trouverions-nous ces défauts, cette manie des citations, cette emphase qui nous choquent tant dans ses discours de Guyenne ? On peut en douter quand on lit le portrait de l'avocat idéal tel qu'il le concevait, et tel qu'il l'a tracé lui-même à la fin du *Dialogue des Avocats*, de cet ouvrage charmant dont je vous entretiendrai tout à l'heure. Il a pu croire sans doute que des discours d'apparat requéraient plus d'apprêt et de solennité ; mais dans ses plaidoyers il devait parler plus simplement, car la simplicité est une des qualités qu'il recommande à son avocat. Il lui permet « d'embellir quelquefois son discours d'un trait d'humanité, voire de grec ou de latin ; mais comme en passant, et qu'il soit si à propos et si significatif qu'il ne se puisse si bien exprimer en françois ; car, ajoute-t-il, je ne suis point de ceux qui voudroient du tout bannir le grec et le latin du Barreau, comme feroient volontiers quelques uns de nos délicats et ignorans, puisque nous avons à parler devant des juges et des advocats, la pluspart doctes en l'une et l'autre langue, pourveu que ce soit sobrement et sans en faire monstre ny parade. (1) » Et, plus loin, résumant les qualités de l'avocat, il conclut en disant : « En somme, je désire en mon advocat le contraire de ce que Cicéron requiert en son orateur, qui est l'éloquence en

(1) Troisième Conférence.

premier lieu, et puis quelque science du droit; car je dis tout au rebours que l'advocat doit surtout être sçavant en droict et en pratique, et médiocrement éloquent, plus dialecticien que rhéteur, et plus homme d'affaires et de jugement que de grand ou long discours. » Ici, nous sommes tentés de trouver qu'il y a excès en sens contraire; nous qui avons sous les yeux, dans notre langue même, des modèles achevés de la grande et véritable éloquence du Barreau, nous croyons que l'avocat est autre chose qu'un homme d'affaires, et que, pour être vraiment grand dans notre profession, il faut être doué de ce don si rare et si beau qui s'appelle l'éloquence. Mais à l'époque de Loisel, en présence de cette faconde ridicule et de ces discours absurdes qui nous étonnent aujourd'hui, ne devons-nous point voir dans ces lignes de son Dialogue une réaction et comme une protestation du bon sens contre le mauvais goût qui l'environne ? Je dois ajouter que le *Dialogue des Avocats* est une œuvre de sa vieillesse, un fruit, sans doute, de sa longue expérience, et qu'il est de beaucoup postérieur à ses discours de Guyenne.

Avant de vous parler du *Dialogue*, je dois vous dire quelques mots des ouvrages juridiques, historiques ou littéraires que nous a laissés Loisel. C'est comme jurisconsulte, assurément, qu'il a acquis sa plus brillante réputation ; de tous ses ouvrages, c'est celui des *Institutes Coutumières* qui est, aujourd'hui encore, le plus souvent consulté et le plus fréquemment cité. C'est que, comme jurisconsulte, Loisel a eu une grande pensée, et que cette pensée il l'a mise à exécution dans un livre qui n'est point l'œuvre de quelques jours, mais dont il a fait son ouvrage capital, et auquel il a travaillé pendant quarante années de sa vie. Le premier, il a essayé de fondre dans une même unité les coutumes si nombreuses qui se partageaient alors le sol de la France, ou plutôt il a essayé d'extraire de toutes ces coutumes les règles communes qui planent au-dessus de toutes les diversités locales, et d'en tirer une série de dispositions applicables partout où régnait l'esprit de notre vieux droit coutumier. Pour tout dire, en un mot, son œuvre est une sorte d'avant-projet de codification. Je n'ai point à traiter ici la question discutée à diverses époques, et qui, pour quelques esprits, est encore douteuse aujourd'hui, de l'utilité de la codification. Qu'il me suffise de dire que les peuples auxquels manque l'unité dans les lois réclament presque toujours cette unité comme un bienfait, et, qu'en fait, la codification a été adoptée de nos jours par la plupart des nations de l'Europe. Sans doute, la tentative de Loisel était prématurée, et plusieurs siècles seront encore nécessaires pour arriver à la consécration législative de sa pensée. Mais cet ouvrage, publié modestement par lui à la suite et comme un appendice de l'Institution au Droit français de Coquille, et que dans une touchante préface il adressait à ses enfants, n'en forme pas moins aujourd'hui un des ouvrages les plus utiles à consulter sur notre ancien droit français. Il a eu le bonheur d'être commenté par de Laurière, qui a éclairci ce que ces maximes, quelquefois par trop lapidaires, pouvaient avoir d'obscur, et qui a comblé les lacunes de son devancier. Tel qu'il est aujourd'hui, l'ouvrage est utile, intéressant et parfois même amusant. Vous n'attendez pas de moi, Messieurs, que je vous donne une analyse, même sommaire, d'un livre qui est un abrégé de la science du droit tout entière. Je ne veux que vous citer un mot, qui a eu des conséquences auxquelles son auteur, en l'écrivant, était sans doute bien loin de s'attendre.

L'ouvrage s'ouvre par cette maxime célèbre : Qui veut le roy, si veut la loy. Cette maxime, à laquelle d'ailleurs les interprètes ont donné des sens divers, n'était au fond que l'expression de l'ancienne constitution du royaume, dans laquelle le Roi avait à lui seul le pouvoir législatif. Rien n'était moins contestable à l'époque où écrivait Loisel, et l'on ne conçoit pas que jamais on ait pu lui en faire un grief. Il en est ainsi, cependant : au mois d'avril 1791, l'Assemblée Constituante, qui venait de perdre Mirabeau, discutait sur les honneurs à rendre aux grands hommes. Un de ses membres, Pierre Loisel, député du département de l'Aisne, et descendant d'Antoine Loisel, demanda que son illustre ancêtre fût placé au rang des grands hommes. Ici, Messieurs, permettez-moi de vous citer textuellement le compte-rendu du *Moniteur* ; séance du mercredi, 30 avril 1791 :

On fait lecture d'une adresse de M. Loisel, qui demande que son aïeul soit mis au rang des grands hommes (*Plusieurs voix* : Qu'a-t-il fait ?)

M. Goupil. — C'est un jurisconsulte qui, le premier, a consacré la maxime : Qui veut le roi, si veut la loi.

M. Prieur. — Est-on bien sûr que ce soit le même ?

M. Goupil. — Oui, c'est Antoine Loisel de Beauvais, auteur des *Institutions du droit civil.*

M. Prieur. — En ce cas, il faut renvoyer la pétition à l'ancien régime. (On applaudit dans toutes les parties de la salle.)

Il y avait quelque puérilité sans doute à fixer législativement le nombre des grands hommes ; c'est là un titre que l'admiration publique décerne sans qu'il lui soit besoin pour cela de s'exprimer par la voie du scrutin. Mais, le principe admis, aurait-on dû écarter Loisel de cet honneur par cet unique motif qu'il avait exprimé en un langage énergique et précis le droit politique de son époque? Je ne fais que poser la question, Messieurs, il me reste encore à étudier Loisel à plusieurs autres points de vue.

Un mot d'abord de ses travaux d'histoire et d'érudition. Ce sont, pour la plupart, des travaux d'érudition locale ; ils sont très nombreux et très variés ; malheureusement plusieurs d'entre eux ne nous ont pas été conservés. — Je dois citer d'abord l'édition qu'il donna, en 1595, du vieux *Poëme fran-*

çois sur la mort, composé au XIIe siècle par un poète beauvoisin, Hélinand, moine de l'abbaye de Froidmont. En second lieu, et surtout, je citerai les *Mémoires de Beauvoisis*, qu'il publia à l'âge de quatre-vingts ans, et qui furent son dernier ouvrage. On y retrouve ce style grave, naïf et simple, qui caractérise toutes ses œuvres, à l'exception de ses discours. Je ne saurais dire exactement quelle est la profondeur de ses recherches et la sûreté de son érudition ; ce que je puis dire, c'est que les auteurs modernes qui ont étudié spécialement l'histoire de Beauvais, M. Guizot, par exemple (1), qui en a donné une assez longue monographie, citent continuellement Loisel comme le guide le plus sûr dans ces délicates questions d'histoire locale, en général si obscures et si épineuses. Cependant, là encore, il me paraît avoir bien appartenu à son temps ; et quand, par exemple, il fait remonter l'existence indépendante et reconnue de la commune de Beauvais jusqu'à ce Sénat des Bellovaques dont parle César, alors cependant qu'on n'en trouve des traces authentiques qu'à partir du XIe siècle, il nous fait songer à ces chroniqueurs trop zélés de son époque, qui faisaient remonter la généalogie des rois de France jusqu'à Priam et Pâris.

Si je voulais compléter, Messieurs, cette énumération des œuvres de Loisel, elle risquerait de devenir interminable. Ainsi j'aurais encore à citer

(1) Appendice à l'*Histoire de la civilisation en France*.

de nombreuses poésies latines, des épitaphes, des épigrammes, des poèmes de circonstance, auxquels leur auteur attachait sans doute un grand prix, mais qui ne nous offrent plus aujourd'hui qu'un très mince intérêt de curiosité. C'était une manie alors de faire sur tout et à propos de tout quelques vers latins ou français.

Avait-on fait une maladie? vite elle était le prétexte d'un poème ou tout au moins d'un distique. Avait-on perdu sa femme ou son enfant? vite on lui composait une épitaphe latine, affilée comme une épigramme, et terminée par un trait que l'on tâchait de rendre touchant ou spirituel. Sentait-on, enfin, la mort approcher? on se composait à soi-même une épitaphe, et généralement on ne s'y faisait pas trop mince la part de l'éloge. C'est là une des faces de cette maladie du pédantisme dont je parlais plus haut, et c'est au Palais surtout que cette fureur semble avoir sévi. De graves personnages, très recommandables d'ailleurs et qui nous ont laissé des œuvres excellentes, tels que Pasquier, de Thou, le président Brisson, s'adonnaient à ce divertissement, d'où sortaient des vers fort admirés alors et soigneusement publiés. Les poésies latines du chancelier de l'Hospital sont restées célèbres, et elles ne sont assurément pas sans mérite; mais les contemporains dépassaient à leur égard toute la mesure de l'éloge quand ils les plaçaient au-dessus des poésies d'Horace. — Une bien curieuse anecdote vous dira en peu de mots jusqu'où était portée cette manie, et quelle importance on attachait alors à ces productions. Il existe un recueil de poésies françaises et latines, auxquelles Loisel lui-même a collaboré et qui est bien connu des bibliophiles, il est intitulé *Pulex Pictonicus*, la Puce de Poitiers. C'est une puce, en effet, qui est le sujet de ces petits poèmes, que les contemporains trouvaient charmants, mais qui nous semblent aujourd'hui d'une étonnante puérilité. Voici quelle en fut l'occasion : en 1579, Pasquier, le président Brisson, Loisel et plusieurs autres avocats ou magistrats du Parlement de Paris, se trouvaient aux grands jours à Poitiers ; Loisel y remplissait les fonctions d'avocat du roi. Il y avait alors à Poitiers une femme, célèbre tout à la fois par son éclatante beauté et par ses poésies aujourd'hui bien oubliées. Elles s'appelait Catherine Desroches. Les beaux esprits des grands jours ne manquèrent pas d'aller rendre visite à la Sapho de Poitiers, et ce fut un continuel échange d'innocents madrigaux et de petits vers bien tournés. Un jour, Pasquier, l'illustre Pasquier, le savant auteur des *Recherches de la France*, un des plus doctes personnages de son temps, aperçut en causant avec elle une puce se promenant sur le sein de sa belle interlocutrice. Il se mit aussitôt à badiner sur ce sujet, et il s'écria que cette puce, à la fois si prudente et si hardie, « méritait bien d'être enchâssée dans ses papiers. » Il n'en fallut pas plus : quelques jours après, il envoyait à Catherine Desroches une centaine de vers sur la puce, et il en recevait en échange un poème d'une égale longueur. Les deux pièces firent le tour de la magistrature, et presque tous les magistrats présents aux grands jours, tinrent à honneur de rivaliser avec le chantre de la puce. Loisel lui-même se laissa gagner par la contagion : il commit un long *Pulex* en graves vers hexamètres, qui figure dans le recueil entre le *Pulex* de Joseph Scaliger et celui de Piere Pithou. Pour compléter le récit, il faut ajouter que tous ces poèmes furent publiés avec soin, et que le recueil, grossi par les essais poétiques de tous les hommes célèbres de l'époque, fut dédié à Achille du Harlay, le premier président du Parlement de Paris. Pasquier, d'ailleurs, était fort coutumier de semblables divertissements : quelques années plus tard, aux grands jours de Troyes, il prenait encore prétexte d'un portrait que lui avait fait un peintre flamand, et dans lequel il était représenté sans mains, pour provoquer tout un recueil de vers où la main était célébrée sur tous les rythmes latins et français. — La plupart des poèsies de Loisel roulent sur des sujets semblables, et je ne crois pas devoir m'y arrêter plus longtemps.

J'arrive enfin à celui de tous ses ouvrages que, sans contredit, nous lisons aujourd'hui avec le plus de plaisir, à celui d'ailleurs qui, pour nous avocats, présente le plus grand intérêt : je veux dire le célèbre *Dialogue des Avocats.* — Cet ouvrage n'est point une histoire méthodique et ennuyeuse des origines et des premiers temps de notre Ordre; c'est une œuvre pleine de vie, de sève, de vieil esprit français, qui, sous une forme originale et piquante, résume toutes nos traditions, et qui nous peint avec de vives couleurs les mœurs, les habitudes d'esprit de nos ancêtres du Barreau. M. Liouville l'a appelé le catéchisme de l'avocat, et il ajoute que chacun de nous doit le savoir par cœur. M. Dupin en a fait bien souvent l'éloge, et il l'a fait réimprimer dans un livre dont il voulait faire, comme il le dit lui-même, le Code de la profession d'avocat. C'est sur le conseil de ces maîtres que j'en ai moi-même commencé la lecture, et j'ai été, dois-je le dire? étonné autant que ravi du charme que j'y ai trouvé. Ici, plus de vaine érudition, plus de citations longues et fastidieuses, plus de prétention ridicule au grand style oratoire; le ton du dialogue est simple, aisé, naturel; les traits spirituels et les mots heureux y abondent, et cet ouvrage seul suffirait pour assurer à Loisel une place honorable parmi les écrivains de son siècle. On s'explique bien en le lisant comment M. Dupin a pu songer à nommer Loisel le *Plutarque des gens de robe*. Il y a dans la naïveté, dans la bonhomie, dans les tours heureux de ce style, quelque chose qui rappelle Amyot, et nous fait songer de suite à l'illustre écrivain qu'il a traduit.

Le fait qui donna naissance à ce dialogue constitue l'une des plus curieuses pages de l'histoire de notre Ordre, et je dois le raconter en peu de mots. Un article de l'ordonnance de Blois avait ordonné ce qui suit : « Les advocats et procureurs seront tenus de signer les délibérations, inventaires et autres escritures qu'ils feront pour les parties, et au-dessous de leur seing, *escrire et parapher de leur main ce qu'ils auront receu pour leur salaire*, et ce sous peine de concussion. » Cette prescription, qu'à diverses reprises les anciennes ordonnances ont inutilement essayé de mettre en vigueur, n'avait jamais été suivie ; nos anciens se faisaient de leurs honoraires une idée élevée incompatible avec cette obligation d'en donner quittance ; comme ils s'interdisaient, pour des motifs de la plus haute portée morale, de les réclamer, comme ils avaient établi cette règle que celui qui les exigerait serait immédiatement retranché du tableau, règle que nous nous faisons un honneur de suivre encore aujourd'hui, ils y voyaient une rémunération purement libre, une sorte de don gratuit offert par le client pour témoigner sa reconnaissance. Il y avait d'ailleurs, dans cette mesure de l'ordonnance de Blois, un sentiment de méfiance bien fait pour éveiller une honorable susceptibilité ; et ce qui montre combien peu elle était nécessaire ou utile, c'est que, durant plus de vingt ans, il ne fut pas question de la mettre à exécution. Cependant, en l'année 1601, deux avocats ayant demandé, dit-on, à de puissants clients des honoraires exagérés, ceux-ci portèrent plainte, et le Parlement, aux Mercuriales de l'année 1602, rendit un arrêt qui rappelait l'ordonnance de Blois, et enjoignait de l'observer désormais, sous peine, pour ceux qui ne voudraient point s'y conformer, d'être interdits des fonctions d'avocat.

L'alarme fut vive au Palais, les avocats s'assemblèrent en la chambre des consultations, et là, au nombre de 307, ils résolurent, d'une voix unanime, de renoncer publiquement à leurs fonctions. On les vit, revêtus de leur robe, traverser deux à deux la grande salle du Palais, allant faire au greffe leur declaration, et le résultat que l'on pouvait prévoir ne se fit pas attendre : l'exercice de la justice fut momentanément interrompu.

Le roi se trouvait alors à Poitiers; entouré comme il l'était, conseillé notamment par Sully qui exerçait contre les avocats sa verve railleuse, et qui nous a conservé dans ses mémoires un récit quasi burlesque de cet incident,il était à craindre qu'il ne voulût avec obstination faire exécuter l'arrêt du Parlement. Mais Henri IV avait un bon sens trop éclairé pour ne point voir que le Parlement avait fait fausse route, et que quelques abus individuels ne motivaient point suffisamment une méfiance aussi étroite et aussi inquiète. Il eut l'art de contenter tout le monde ; il confirma l'arrêt du Parlement, mais il ajouta que les avocats interdits de leurs fonctions seraient rétablis et qu'ils auraient le pouvoir de les exercer *comme auparavant*. Il paraît que dans le sein même du Parlement on n'était pas très-convaincu de l'utilité de résister aux prétentions des avocats, car peu à peu ceux - ci se remirent à fréquenter le Palais comme par le passé, et l'on ne parla plus désormais de l'Ordonnance de Blois.

Tel est, Messieurs, l'incident qui forme en quelque sorte le cadre de l'ouvrage de Loisel. Le personnage principal du dialogue, celui dans la bouche duquel il met tous les récits qui en composent le fond, c'est Etienne Pasquier, à coup sûr, l'un des plus célèbres comtemporains de Loisel, et son ami intime. Je ne veux point, assurément, vous donner une analyse du *Dialogue des Avocats;* il se trouve dans toutes les mains, et c'est d'ailleurs un de ces ouvrages qui perdraient tout à être sèchement résumés. Permettez-moi seulement de vous en citer quelques passages. On y sent vivre, en quelque sorte, à chaque ligne, l'âme de notre vieux Barreau ; de pareilles citations font toujours plaisir, et je n'ai pas à craindre d'en abuser.

La mise en scène du Dialogue ne manque pas de charme; nous voyons Loisel, entouré de quelques parents et de quelques amis, avocats comme lui, devisant tranquillement chez lui un dimanche après dîner. Pasquier survient, et la conversation tombe aussitôt sur l'évènement récent qui est venu interrompre le cours de la justice, et créer aux avocats des loisirs qu'ils ne désiraient pas. Les plus jeunes et les plus ardents expriment hautement leur indignation : « N'est-ce pas une honte, s'écrie le jeune fils de Loisel, qu'il faille que nous soyons contraints de faire comme les sergents, qui sont tenus de mettre au bas de leurs exploicts ce qu'ils reçoivent des parties, pour le salaire qui leur est taxé par les ordonnances? Car encores que le nostre ne soit point borné, ains remis à nostre discrétion, si est-il honteux, non-seulement de l'escrire, mais aussi de le dire (1). » Alors arrivent les lamentations sur l'antique grandeur de l'Ordre des avocats, aujourd'hui bien déchue; Loisel explique qu'autrefois les avocats étaient les seuls conseillers des princes et seigneurs, au lieu que, maintenant, « il n'y a seigneur qui n'aie un président, un maistre des requestes ou un conseiller pour chef de son conseil, lequel, quelquefois, n'y entend rien, s'il n'a premièrement esté advocat. » C'est le président Séguier qui a donné l'exemple en continuant, une fois président, à conseiller les princes et seigneurs dont il avait été l'avocat: « Et comme nous sommes au royaume des conséquences, et que souvent les mauvais exemples procèdent de bons commencements, ceux qui sont venus depuis ont voulu faire le semblable, mais non avec pareille suffisance, honneur ny retenuë. » Là-dessus on se met à causer des origines du Barreau et de l'histoire des premiers avocats; les interlocuteurs se réunissent pour demander à Pasquier, qui les a étudiées d'une façon spéciale, et qui est très versé dans tout ce qui concerne les antiquités de *nostre France*, de vouloir bien leur raconter ce qu'il sait sur ce sujet. « Il m'a toujours semblé, dit l'un d'eux, que nous avions occasion de nous plaindre de nos ancestres, d'avoir été si peu soigneux d'apprendre à leur postérité les qualités, noms, vices et vertus de ceux

(1) Première Conférence.

de leur temps ; qui est le plus beau miroir et la plus belle leçon que l'on puisse laisser aux siens. » Pasquier accède à la demande qui lui est faite et renvoie ses interlocuteurs au dimanche suivant.

« Doncques, le dimanche en suivant, nous nous rendismes tous à une heure de relevée au logis de M. Pasquier, où nous trouvâmes la salle préparée de chaires et deux de ses enfants qui nous y attendoient.... Mais quant à M. Pasquier, sans lequel nous ne pouvions rien faire, il demeura longuement en haut enfermé dans sa Chambre, n'en pouvant quasi sortir, quoy que son homme de chambre l'eust adverty par deux fois, que la compagnie estoit en bas, et l'attendoit il y avoit près d'une heure. Finalement estant descendu, et ayant salué la compagnie, et pris sa place en la chaire du bout d'en haut, qui luy avoit été laissée, il commença à nous dire avec un front renfrongné, qui faisoit paroistre qu'il estoit encores tout esmeu d'une méditation bien profonde : Vrayment, Messieurs, vous m'avez bien taillé de la besongne... »

Telle est l'entrée en matière et comme le prologue de l'ouvrage. A partir de ce moment, c'est Pasquier qui a presque continuellement la parole, et si ses auditeurs lui donnent quelquefois la réplique, c'est simplement pour soutenir l'intérêt du lecteur et varier le ton, avec un art du dialogue que d'ailleurs Loisel possède parfaitement. Il ne se contente pas de nommer un à un les plus célèbres avocats, et de raconter en peu de mots les traits les plus saillants de leur vie. Il a le talent de nous intéresser à eux et de nous les faire connaitre à l'aide d'un mot plaisant, d'une anecdote, d'un procès célèbre ou bizarre dans lequel ils ont figuré. D'autres fois, il s'interrompt dans son récit pour en tirer une sorte de moralité et adresser aux jeunes gens qui l'écoutent une allocution souvent pleine de chaleur, mais toujours brève et de bon goût. Ainsi, après avoir cité l'exemple d'un magistrat condamné pour avoir falsifié des dépositions, il ajoute : « Mais, Dieu merci, nous ne lisons rien de semblable d'aucun advocat de ce parlement. Remarquez cet exemple, vous autres jeunes gens.... et vous souvenez de conserver et de transmettre à vos successeurs l'honneur que vos anciens vous ont acquis (1). » Et plus loin : « C'est à la vérité un grand honneur que les advocats de cette cour méritent par dessus ceux des autres Parlements et Compagnies souveraines, lesquels ne se communiquent leurs pièces que par inventaires, comme se deffians les uns des autres ; au lieu qu'en ce Parlement les Advocats s'entrecommuniquants leurs pièces s'en reposent absolument sur leur simple foy ; et il n'en est point encore jamais advenu faute. »

La partie la plus vivante du Dialogue, celle qu'on relit toujours avec plaisir, c'est, à mon avis, la dernière partie, dans laquelle Pasquier, ou plutôt Loisel, nous parle des avocats de son temps. On sent en le lisant qu'il les a vus, qu'il les a connus,

(1) Première Conférence.

qu'il a parfois été leur ami, et que leur physionomie est restée dans sa mémoire très vivante et très nette. « Je me donnerai plus de hardiesse sur tous ceux-ci que je n'ai fait sur les précédents, dit-il en commençant, et par adventure plus que je ne devrais (1). » Il cite d'abord Mathieu Chartier : « en mon jeune âge, fort ancien advocat, ne venoit plus guère au Palais, mais le Palais, s'il faut ainsi dire, alloit chez luy ; car il estoit comme l'oracle de la ville ; ».... Guillaume Rebours, qui avait tant de causes à plaider que l'on disait au Palais que *tout allait à Rebours* ;.... Pierre Séguier et Christophe de Thou, le premier court et nerveux en ses plaidoiries, le second plaidant toujours longuement, remarquable par son étonnante facilité : on disait du premier : *multa paucis*, et du second : *pauca multis*.

Et il continue ainsi, tantôt louant, tantôt critiquant, mais toujours trouvant un mot précis et frappant qui se lie dans notre mémoire au nom qu'il a cité et nous en laisse un souvenir plein de vérité et de vie. — Parfois ses critiques sont exprimées en termes fort originaux et contiennent une leçon utile à méditer ; ainsi, parlant d'un des plus célèbres avocats de son temps, Jacques Faye d'Espesses, un de nos compatriotes, il l'appelle « homme de grand sens et sçavoir, et puissant en son parler ; mais, ajoute-t-il, je ne le puis, sous correction, appeler grand homme de Palais, d'au-

(1) Troisième Conférence.

tant qu'il se mocquoit des formalités de justice. En quoy il me semble qu'il s'abusoit ; car encore qu'on ne doive point s'arrester aux formalitez quand la justice de la cause apparoist d'ailleurs, toutes fois il ne les faut non plus mépriser que les cérémonies en faict de religion ; car ce sont comme les cerceaux du muid qui retiennent le vin et empeschent qu'il ne se répande, ou comme le ciment qui colle et retient les pierres du bastiment. »

Je ne puis résister au plaisir de citer encore la manière dont il apprécie le talent d'un autre de ses contemporains, René Bautru : « Bautru, dit-il, voloit d'une plus grande aisle qu'eux tous : je ne diray point qu'il fust plus docte qu'aucun d'eux : mais il avoit la langue mieux pendue, et, s'il faut le dire, plus Angevine.... Je luy ay veu faire de belles, longues et éloquentes actions, et il s'advançeoit sans doute au plus haut degré de sa profession, si la mort ne l'eust prévenu au milieu de son esté. »

Je m'arrête, Messieurs ; toutes ces citations n'ont eu pour but que de vous faire partager le plaisir que j'ai éprouvé moi-même à la lecture de ce Dialogue. C'est l'ouvrage dans lequel nous pouvons étudier avec le plus de plaisir et de fruit l'histoire de notre ordre, et j'entends par histoire non les faits matériels et la chronologie, mais surtout, comme je le disais plus haut, l'étude des mœurs de nos ancêtres, de l'esprit qui les animait, et des traditions qu'ils nous ont laissées. C'est en même temps l'ouvrage de Loisel qui nous le fait le mieux connaître lui-même et sous son jour le plus favorable; il y a dans ces pages pleines d'honêteté, de candeur et franchise, comme un reflet de cette vie calme, pleine, féconde, restée absolument pure de toute souillure dans un siècle qui nous a donné l'exemple de toutes les corruptions et de tous les excès. Si nous ne trouvons pas dans Loisel un maître dans l'art oratoire, si nous ne devons pas chercher dans ses œuvres des modèles pour nos plaidoyers, ce qui à coup sur est la faute de son siècle beaucoup plus que la sienne, du moins à un point de vue plus élevé encore, il mérite et il méritera toujours de nous être proposé comme un modèle. Sa vie est pour nous le plus fortifiant de tous les exemples; et, pour moi, j'ai toujours retiré des heures trop courtes que j'ai consacrées à cette bien incomplète étude, une impression singulière d'encouragement et de réconfort moral. J'y ai puisé une foi plus grande encore dans la fécondité du travail, une confiance plus énergique dans la puissance de la volonté. En contemplant tout ce que cette vie de quatre-vingts ans avait accumulé d'œuvres utiles et durables, sans que leur auteur cependant ait cessé de vivre de la vie du Palais, et de participer, au moins par des consultations, à ses travaux journaliers, je me suis dit que ce qui était possible au XVIe siècle est possible encore de nos jours, et qu'une vie honorable, sérieuse, laborieuse même, est à la fois le premier de nos devoirs professionnels, et la meilleure de nos traditions. « Il y a place pour tous au Barreau, » dit excellemment Loisel lui-même à la fin de son Dialogue ; mais cette place, il faut savoir la conquérir par le travail et la conserver par la persévérance ; et quand nous étudions la vie des grands orateurs qui, dans notre siècle même, ont jeté sur le Barreau un si vif éclat, nous voyons toujours qu'avant d'être grands par le génie et par l'éloquence ils ont été grands par le travail. Marchons sur leurs traces, Messieurs ; soyons dignes de ces illustres prédécesseurs, et pour parler une dernière fois le langage de Loisel qui a exprimé toutes ces idées mieux que je ne saurais le faire, « efforçons-nous de conserver à notre Ordre le rang et l'honneur que nos ancètres lui ont acquis par leurs mérites et par leurs tra-travaux, pour le rendre à nos successeurs. »

Lyon. — Impr. P. Mougin-Rusand, rue Stella, 3.

www.ingramcontent.com/pod-product-compliance
Ingram Content Group UK Ltd.
Pitfield, Milton Keynes, MK11 3LW, UK
UKHW021950260726
13994UKWH00004B/1660